Gesetz der Anziehung

Wie Sie mit Hilfe Ihrer Gedanken
Schritt für Schritt das Leben
kreieren, das Sie schon
immer haben wollten

*inkl. einfacher Praxisübungen
zum Gedanken lenken*

Ina Roth

✵ INHALT

Das erwartet Sie in diesem Buch

Fühlen Sie sich manchmal hilflos und stecken geblieben? Haben Sie das Gefühl, Ihre Situation sei aussichtslos? Ihre Träume erfüllen sich nicht, egal, was Sie tun? Dann haben Sie sich mit diesem Buch für die richtige Hilfestellung entschieden. Jeder von uns wird ab und an mit schlimmen Situationen konfrontiert, seien es Schulden, gesundheitliche Probleme oder auch eine Trennung. Es gibt Momente, da scheint es, als würde uns der Boden unter den Füßen entrissen. Doch dieses Buch bietet Ihnen die Möglichkeit, derartige Situationen von einem anderen Blickwinkel zu betrachten. Sie werden lernen, mit negativen Gefühlen und Rückschlägen umzugehen und sie in etwas Positives umzuwandeln. Ich möchte Ihnen zeigen, dass Sie ein ganz entscheidender Faktor für den Verlauf Ihres Lebens sind. Denn genau das haben Sie in der Hand. Sie können zu jeder Zeit eine Entscheidung treffen, die Ihre Umstände verändert. Ihre Entscheidung wird von Ihren Gedanken gelenkt. Und diese Gedanken lenken Sie, bewusst oder unbewusst. Durch dieses Buch lernen Sie, dass sich Ihre Gedanken auf das Gesetz der Anziehung auswirken und sich so spürbar manifestieren. Womöglich bildeten sich bisher eher Ihre Ängste, doch nun erhalten Sie die Grundlage, wie Sie es schaffen, sich von Ihren Ängsten abzuwenden und das Positive zu kreieren. Auch wenn Sie momentan nicht in einer für Sie ausweglosen Situation sein sollten, sollten Sie sich glücklich schätzen. Sie haben ein Buch gefunden, das Ihnen in allen emotionalen Lagen zur Seite steht und Ihnen zeigt, wie Sie Ihre Wünsche erfüllen können.

Nach einer theoretischen Einführung in die Thematik folgen verschiedene Übungen, die es Ihnen erleichtern, Ihre Gefühle zu lenken und das Gute anzuziehen. Sie werden sich nicht mehr hilflos oder ausgeliefert fühlen müssen, da Sie aktiv etwas an Ihrer Situation ändern können. Bedienen Sie sich dafür dem Gesetz der Anziehung.

DIE THEORETISCHEN GRUNDLAGEN

Glauben Sie an Gott? Ich nicht. Zumindest nicht nach dem kirchlichen Vorbild. Ich glaube nicht, dass jemand die Welt kreiert hat, sondern etwas. Sozusagen stehe ich da auf der Seite der Wissenschaft. Auf den ersten Blick erscheinen diese zwei Gebiete wie Gegenpole, die nicht miteinander vereinbart werden können. Doch ich möchte Ihnen zeigen, dass es bei näherer Betrachtung sehr wohl Schnittstellen gibt, vor allem, wenn es um das Gesetz der Anziehung geht.

Das Gesetz der Anziehung besagt, dass alles, was uns im Leben passiert, von uns selbst herbeigeführt und angezogen wird. Stellen Sie sich selbst als Magneten vor, der in jedem Bereich Ihres Lebens agiert. Ihr Umfeld, Ihr Job, Ihre finanzielle Situation, all das haben Sie angezogen. Wahrscheinlich würden Sie mir nun gern widersprechen und aufzeigen, dass Sie die Schulden oder eine Krankheit nie gewollt haben. Ich stimme Ihnen zu, doch nichtsdestotrotz haben Sie es angezogen – durch die Kraft Ihrer Gedanken. Dabei spielt es keine Rolle, ob diese Gedanken bewusst oder unbewusst geschehen, sie haben eine Resonanz. Aus diesem Grund möchte ich Ihnen mit diesem Ratgeber zeigen, wie Sie Ihre Gedanken lenken können und so Ihre Umstände und Erfahrungen selbst kreieren.

Um dies zu verstehen, möchte ich mit Ihnen einen kleinen Exkurs in die Quantenphysik unternehmen. Die String-Theorie besagt, dass Menschen Energiefelder sind, die in einem größeren Energiefeld operieren. Wir wissen, dass unser Planet ein Teil des Universums ist. Menschen wiederum sind Teile des Planeten. Unsere physische Erscheinung entsteht aus Molekülen und Atomen. Doch die Basis unseres Selbst ist Energie oder auch Schwingung. Sie können Ihre Fingerspitzen anfassen und sie fühlen sich fest an, unter spezifischen Messgeräten kann man jedoch eine Vibration feststellen, die aus der Energie hervorgeht. Alles um Sie herum besteht aus Energie, der Strand, der Wald, das Universum und Sie selbst. Dadurch, dass Energie sowohl Kern des Universums als auch unseres Selbst ist, stehen beide in enger Verbindung und im Austausch von Schwingungen. Dies passiert mit Hilfe der Gedanken. Unsere Gedanken senden messbare elektromagnetische Schwingungen aus, auf die das Universum mit passenden elektromagnetischen Schwingungen antwortet. Im Grunde heißt es, es gibt keine Welt ohne einen Verstand, der Sie erkennt und formt.

Dieser Exkurs hat zum einen den Sinn, Ihnen auf wissenschaftlicher Ebene zu verdeutlichen, dass Ihre Gedanken messbare Frequenzen aussenden und so Auswirkungen auf das Energiefeld haben. Darüber hinaus liefert diese Theorie den Ausgangspunkt für das Gesetz der Anziehung. Zum anderen zeigt dieser Exkurs die eigentliche Nähe von Wissenschaft und Glaube in diesem Bereich. Definiert ein Physiker den Begriff „Energie", wird er Ihnen aufzeigen, dass Energie schon immer existiert hat und immer existieren wird. Energie kann nicht enden, sie wandelt sich durch Form und aus Form. Ein Theologe beschreibt Ihnen Gott ähnlich. Gott hat schon immer existiert, er wird immer existieren und bewegt sich durch Form, mit Form und aus Form. Im Grunde genommen, glaube ich also an eine göttliche Kraft, die sich Energie nennt.

Und wie Gott, nach der Theologie, den Menschen nach seinem Ebenbild erschuf, so tragen wir diese Energie, die göttliche Schöpfungskraft, in uns selbst. Diese göttliche Schöpfungskraft findet sich in vielen Mythen und Religionen wieder, jedoch in verschiedenen Ausführungen oder Terminologie. Im christlichen Glauben sind wir nach Gottes Ebenbild erschaffen. So besitzen wir eine göttliche Kraft, die in der Lage ist, zu erschaffen. Im Hinduismus versteckte der Gott Brahma, die göttliche Kraft im Inneren des Menschen. Er ging davon aus, Menschen würden sich nicht in ihr Inneres wenden und die Kraft entdecken. In der Psychoanalyse ist es das Unterbewusstsein, das die schöpferische Kraft im Menschen lenkt.

Damit möchte ich Ihnen aufzeigen, dass es unterschiedlich verwendete Terminologien gibt, um diese Kraft zu beschreiben. Es ist gleich, ob wir es Gott, Schutzengel oder Höheres Ich nennen, es geht stets um die Energien in uns.

Das Gesetz der Anziehung ist ein präzises, universelles Gesetz, ähnlich wie das Gesetz der Gravitation. Wir wissen, lassen wir etwas fallen, so kommt es auf dem Boden auf. Wir wissen nicht genau, wie es funktioniert, wir wissen nur, dass es so ist. Genauso verhält es sich mit dem Gesetz der Anziehung. Sie müssen nicht bis ins kleinste Detail verstehen, wie sich Ihre Gedanken manifestieren, um es für sich selbst nutzen zu können. Sie müssen nur anerkennen, dass Sie diese Kraft in sich tragen.

Und ebenso natürlich wie die Gravitation ist auch das Gesetz der Anziehung. Es arbeitet fortwährend, somit gibt es weder Pausen noch ein Ende. Das erscheint auch nur logisch, da Energie niemals verloren geht, sondern sich lediglich in andere Energieformen umwandelt; der Energiefluss hört demzufolge nie auf. Das Gesetz der Anziehung ermöglicht uns, alles zu erhalten, was wir uns wünschen. Die Voraussetzung dafür ist, über unser Verlangen bewusst zu sein und die Verbindung mit dem Universum bewusst zu fühlen. Dann bietet Ihnen das Gesetz der Anziehung eine Möglichkeit, sich mit Hilfe Ihrer Gedanken das Leben zu kreieren, das Sie wollen.

Gedanken – unser energetischer Antrieb

Wir wissen nun, dass alles um uns herum und in uns aus Energie besteht und dass unsere Gedanken elektromagnetische Schwingungen aussenden und vom Universum beantwortet werden, sodass sich Wünsche und Ängste manifestieren, als materielles Objekt oder als Erfahrung. Über diese Erkenntnis hinaus möchte ich Ihnen zeigen, wie Sie Ihre Erfahrungen und Wünsche bewusst anziehen können. Der Schlüssel dazu liegt in Ihren Gedanken und den Dingen, auf die Sie Ihren Fokus setzen.

Positive Gedanken erhalten eine positive Resonanz. Denken Sie bestärkende und aufbauende Gedanken, so wird das Universum Ihnen die Bestätigung und den Beweis liefern. Dies funktioniert auch andersherum. Negative Gedanken üben auch eine Anziehung aus, nur auf das negativ behaftete Objekt oder die ungewollte Erfahrung. Es basiert auf Ihrer Aufmerksamkeit. Darüber hinaus reicht es nicht, einfach nur zu denken, etwas haben zu wollen. Sie müssen diese Zukunftsvision vor Ihrem Auge sehen können.

SIE ZIEHEN AN, WORAN SIE DENKEN, OB SIE ES WOLLEN ODER NICHT.

Diese Situationen kennen die meisten von uns. Sie haben verschlafen und könnten es gerade noch pünktlich zu einem Termin oder auf die Arbeit schaffen. Nun fangen Sie an „Ich darf nicht zu spät kommen." zu denken. Und diesen Gedanken wiederholen Sie ständig im Kopf. Doch auf dem Weg hinaus bleiben Sie an der Türklinke hängen, das Auto springt nicht an oder auf der Autobahn befinden Sie sich im Stau.

Und nun ist genau das Gegenteil von dem passiert,

was Sie eigentlich wollten. Sie dachten doch auch die ganze Zeit daran, nicht zu spät zu kommen. Es scheint, als arbeite alles gegen Sie und Ihren Wunsch anstatt dafür. Sollte denn nun das nicht die Widerlegung des Gesetzes der Anziehung sein? Ganz im Gegenteil. Dieses Szenario dient als Bestätigung des Gesetzes, denn Ihr Gedanke war der ausschlaggebende Faktor für den Verlauf. Der Aspekt, dem Sie Ihre Aufmerksamkeit schenkten, war das Zuspätkommen. Ob Sie dies nun erzielen oder abwenden wollen, spielt keine Rolle, Sie haben sich darauf fokussiert. Dadurch haben Sie die entsprechende Schwingung ausgesendet und das Universum hat diesen Aspekt Ihrer Gedanken herbeigeführt.

In der gleichen Ausgangslage sorgt die Umwandlung des Gedankens „ich darf nicht zu spät kommen." in „Ich werde pünktlich da sein" für eine Veränderung der Situation. Sie werden pünktlich da sein, weil Sie es festgelegt haben. Die Schwingung, die von Ihnen ausgeht, wurde aufgenommen und abgezeichnet. Henry Ford sagte einmal „Ganz gleich, ob Sie denken, Sie können etwas oder Sie können es nicht, Sie haben recht."

Dies fasst das Gesetz der Anziehung in einem einfachen Satz zusammen. Können Sie etwas in den Ist-Zustand denken, so wird es auftreten, egal, ob es nun ein gewollter oder ungewollter Zustand oder ein bewusster oder unbewusster Gedanke ist. Doch Sie können bewusst Ihre Gedanken lenken und darüber entscheiden. Dafür müssen Sie Ihren Gedanken gegenüber wachsam sein.

ABER WAS DENKE ICH EIGENTLICH?

Wenn es nun darum geht, die Gedanken lenken zu wollen, müssen Sie sich zunächst beobachten. Wie viele und welche

Art Gedanken denken Sie den Tag über? Dabei werden Ihnen wahrscheinlich zwei Dinge auffallen: Erstens, dass Sie eher negativ behaftete Gedanken haben als positive. Das scheint auf den ersten Blick erschreckend, ist jedoch ganz normal. 27 % Prozent aller Gedanken sind eher negativer Art. Dazu kommen 70 % flüchtige und nebensächliche Gedanken. Das ist auf den starken Medienkonsum heutzutage zurückzuführen. Standig werden wir mit Informationen von außen konfrontiert, die uns zu Überlegungen führen und meistens nebensächliche Gedanken mit sich bringen. Nur 3 % aller Gedanken sind positiv oder bestärkend. Dies zeigt, dass Menschen sich eher auf den negativen Ist-Zustand fokussieren, statt eine positive Zukunftsvision zu erhalten. Doch brauchen Sie keine Angst zu haben, sich etwas Negatives angezogen zu haben, weil sie kurz daran dachten.

Es ist bewiesen, dass positive Gedanken eine hundertfach stärkere Schwingung ausstrahlen als ihr negatives Pendant. So hat ein fokussiert positives Denken einen größeren Einfluss auf Ihre Anziehung als das flüchtig, negativ Gedachte. Hinzu kommt, dass es eine Zeitverzögerung gibt. Die Antwort auf Ihre Wünsche und Gedanken wird Ihnen das Universum nicht immer direkt liefern. Das würde für sehr viel Chaos sorgen. Wünschten Sie sich nur kurz, bei Krokodilen zu sein, so säßen Sie in einem Gewässer mit Krokodilen. Nein, so funktioniert das Gesetz der Anziehung nicht. Sie haben immer die Möglichkeit, sich anders zu entscheiden und den Fokus Ihres Denkens umzulegen. Zweitens wird Ihnen aufgefallen sein, dass es sehr anstrengend, sogar schier unmöglich ist, den ganzen Tag die eigenen Gedankenverläufe zu überwachen. Das liegt daran, dass der Mensch am Tag zwischen 60.000 und 70.000 Gedanken hat.

Auch hier spielen soziale Medien eine große Rolle, da sie uns mit anderen Energien, Ideen und Schwingungen anderer Menschen konfrontieren. Wenn wir versuchen würden, den Tag über auf unsere Gedanken zu achten, sie zu verfolgen und zu lenken, könnten wir unserem normalen Alltag kaum nachgehen. Es muss sich also eine Alternative finden, die es uns ermöglicht, bewusst das Gesetz der Anziehung einzusetzen. Und es gibt eine weitaus einfachere Alternative, zu wissen, was wir anziehen, nämlich mit dem Wahrnehmen unserer Gefühle.

Gefühle als Vertreter unserer Gedanken

Unsere Gefühle zu beobachten und zu verändern ist weitaus einfacher, als ständig unsere Gedanken zu überwachen. Wir alle kennen Arten negativer Gefühle, z. B. Trauer, Depression, Wut und Frustration. Dem gegenüber stehen positive Gefühle, wie Glückseligkeit, Freude, Hoffnung und Liebe. So wie es negative und positive Gedanken gibt, gibt es positive und negative Gefühle. Diese zu beobachten und wachsam ihnen gegenüber zu sein ist einfacher, da wir Sie spüren. Unsere Gedanken lösen unsere Gefühle aus. Deshalb kann auf emotionaler Ebene das gleiche Prinzip angewendet werden, das in Bezug auf Gedanken greift. Ihre negativen Gefühle erzeugen Schwingungen, die Sie an das Universum senden. Im Gegenzug liefert das Gesetz der Anziehung Ihnen den Beweis für Ihre Stimmung und mehr von dem, was Sie in dieser Schwingung hält. Fühlen Sie sich depressiv und halten Sie an der Stimmung fest, so werden sie magnetisch Dinge und Erfahrungen anziehen, die Sie in dieser emotionalen Lage unterstützen und bestätigen.

Umgekehrt funktioniert es genau gleich. Fühlen Sie sich glücklich und wohl, so manifestiert das Gesetz der Anziehung Dinge und Erfahrungen, die Ihnen dabei helfen, sich gut zu fühlen. Auch hier lässt sich das Beispiel aus Kapitel 2 übertragen. Sie haben verschlafen. Dadurch stehen Sie schon mit negativen Gefühlen, wie z. B. Frustration oder Wut auf. Sie sind sprichwörtlich mit dem falschen Fuß aufgestanden. Daraufhin stoßen Sie sich den Fuß an der Tischkante, Sie kommen zu spät zur Arbeit und es ist, als laufe der ganze Tag schief. Das tut er auch, aufgrund Ihrer Emotionen. Es war Ihnen bis dato vielleicht nicht bewusst, doch eine Verlagerung Ihrer Gefühle zieht eine Änderung nach sich. Schaffen Sie es, sich aus dem Gefühl der Frustration oder Wut zu befreien und in einen Zustand von Gelassenheit und Zuversicht zu begeben, so spiegeln Ihre Erfahrungen im Tagesverlauf das wider.

DAS EMOTIONALE LENKSYSTEM

Jeder Mensch hat Wünsche, die er sich im Laufe seines Lebens erfüllen möchte. Das Gesetz der Anziehung gibt uns die Möglichkeit, alles zu erreichen, was wir uns vorstellen können und fühlen können. Können wir das Verlangen und die Freude, die die Erfüllung des Verlangens bringt, nicht spüren, so senden wir nicht genug Schwingungen aus, damit es sich verwirklichen kann.

Doch woran können Sie erkennen, ob Sie sich auf dem richtigen Weg befinden, der Sie an die Erfüllung Ihrer Wünsche bringt? Auch das funktioniert mit Hilfe Ihrer Emotionen. Stellen Sie sich Ihr Leben als eine Autofahrt bei Nacht vor. Es gibt einen bestimmten Ort, den Sie erreichen möchten. Der Ort steht imaginär für Ihren Wunsch. Unsere Emotionen stellen das Navigationssystem dar. Mit Hilfe unserer Gefühle können wir erkennen, ob wir uns noch auf dem richtigen Weg befinden oder von ihm abgekommen sind. Empfinden Sie starke negative Gefühle, so sind Sie vom Weg abgekommen, der Sie an Ihr Ziel bringt. Befinden Sie sich auf dem richtigen Weg, so erfüllt Sie ein Gefühl von Leichtigkeit und Freude. Es ist, als würde die Zeit stillstehen, da Sie Glückseligkeit empfinden. Sie selbst müssen den Weg nicht kennen, Sie müssen nicht wissen, wo Sie abbiegen müssen. Sie müssen nur volles Vertrauen in Ihr Navigationssystem haben. Genauso verhält es sich mit unseren Gefühlen, sie sind unser Lenksystem.

Wann immer Sie sich in einer Situation wiederfinden, in der Sie den Sinn des Geschehens hinterfragen, helfen Ihnen die Emotionen dabei, herauszufinden, ob das Geschehen Sie auf Ihrem Weg voranbringt oder auf Abwege führt. Alles, was Sie dafür tun müssen, ist, in sich hineinzufühlen und in dem Gefühl zu verweilen. So werden Sie erkennen, wofür Sie sich entscheiden sollten.

Löst die Situation ein starkes negatives Gefühl in Ihnen aus, so zeigt Ihnen das Lenksystem an, dass Sie sich für einen anderen Weg entscheiden sollten, bei dem Sie ein deutlich positiveres Empfinden haben. Darüber hinaus entstehen Ihre Wünsche auf die gleiche Art. Indem Sie sich mit der Welt konfrontieren und Dinge wahrnehmen, erkennen Sie, ob sie etwas wollen. Sobald Sie sich in einer Situation oder mit einem Gedanken unwohl fühlen, registrieren Sie, dass Sie sich mit etwas konfrontieren, was Sie jedoch nicht wollen. Im Umkehrschluss heißt das, im Gegenteil der erfahrenen Situation finden Sie das, was sie wollen. Durch den Umgang mit anderen Menschen und der Außenwelt werden unsere Wünsche deutlicher, entweder durch die Erfahrung positiver Situationen oder den Kontrast, den negative Situationen mit sich ziehen.

Doch geht es auch hier um einen fortlaufenden Prozess. Es bedarf Übung, die eigenen Gefühle verstehen und lenken zu können. Mit jedem Versuch und mit jeder Durchführung wird es Ihnen leichter fallen, Ihre Gefühle zu lenken und umzuwandeln.

DER KREATIVE PROZESS

Mit Hilfe Ihrer Gefühle können Sie nicht nur herausfinden, ob Sie sich auf dem richtigen Weg befinden oder nicht. Sie können auch mit Ihren Gefühlen Dinge, Erfahrungen, Umstände und Personen ganz bewusst anziehen und so das Gesetz der Anziehung voll und ganz auskosten. Denn es geht nicht nur darum, zu wissen, was Sie anziehen. Es geht eher darum, bewusst das anzuziehen, was Sie in Ihrem Leben haben und kreieren wollen.

An diesem Punkt zeige ich Ihnen den kreativen Prozess. Er besteht aus drei Schritten, die dazu führen, Ihre Wünsche zu manifestieren.

Der erste Schritt ist, darum zu bitten. Sie wünschen sich etwas vom Universum, ähnlich wie Online-Shopping von zu Hause aus. Sie suchen sich aus, was sie möchten, und bestellen es beim Universum. Dieser Wunsch kann aus allen Bereichen Ihres Lebens kommen. Diesen Schritt müssen Sie aktiv ausführen. Seien Sie bei Ihrem Wunsch so klar wie möglich. Je präziser Ihre Formulierung und Visualisierung des Verlangens, umso leichter operiert das Gesetz der Anziehung. Bei diesem Schritt sind Ihre Gefühle der Dreh- und Angelpunkt. Es reicht nicht, einen Wunsch auszusprechen, Sie müssen den Wunsch visualisieren können. Sie müssen sich in das Gefühl hineinversetzen, das sie wahrscheinlich bei der Erfüllung Ihres Wunsches empfinden. Möchten Sie zum Beispiel ein neues Auto, so erzeugen Sie das Gefühl, es zu besitzen, auch wenn es noch nicht so ist. Wenn es Ihnen hilft, dann setzen Sie sich in

Ihrer Wohnung auf einen Sessel. Schließen Sie die Augen und tun Sie so, als würden Sie Ihr Traumauto fahren. Das mag zwar komisch aussehen, doch ist absolut zu empfehlen, solange es Ihnen hilft, sich in die Emotion der Freude hineinzuversetzen. Ist es Ihnen möglich, eine Probefahrt mit dem Auto zu unternehmen, so tun Sie das. Alles, was Ihnen hilft, das Gefühl der Freude zu verstärken, verstärkt auch die Schwingungen, die Sie an das Universum aussenden.

Der zweite Schritt beinhaltet die Antwort, die Sie erhalten. Diesen Schritt erledigt das Gesetz der Anziehung beziehungsweise das Universum. Ihre Schwingungen werden direkt aufgenommen und bearbeitet. Dabei ist es jedoch wichtig, dass Sie das glückliche Gefühl festhalten. Wenn sich der Wunsch nach einiger Zeit nicht materialisiert hat, geraten viele Menschen ins Zweifeln, werden frustriert und traurig, da es scheint, ihr Wunsch ginge nicht in Erfüllung. Doch ist es wichtig, dass Ihr Vertrauen in die Erfüllung Ihrer Wünsche unerschütterlich ist und bleibt. So versetzen Sie sich weiterhin in die Schwingung, durch das Gesetz der Anziehung das Gewünschte zu erhalten. Es kann frustrierend sein, nicht zu wissen, wie das funktionieren soll. Doch Sie müssen nicht wissen, wie das Universum operiert, um Ihnen Ihr Traumauto zu bringen. Sie sollten aber die innere Überzeugung festigen, dass es passiert. Sie glauben sozusagen an das Unsichtbare. Das Universum ordnet sich so, dass Sie erlangen, wonach Sie streben. Es kennt den schnellsten und harmonischsten Weg.

Der letzte Schritt ist das Zulassen und das Erhalten. Diese Aufgabe fällt nun wieder in Ihren Zuständigkeitsbereich. Sie müssen zulassen, dass Sie das Gewünschte erhalten. Es gibt zwei Wege, wie sich dieser Schritt zeigen kann. Es gibt die Möglichkeit, dass Sie morgens aufwachen und Ihr Wunsch hat sich prompt erfüllt. Ihr Traumauto steht also vor Ihrer Haustür. Oder aber Sie bekommen eine Idee, wie Sie das Auto finanzieren können. So können Hinweise und Möglichkeiten, denen Sie vorher keine Beachtung schenkten, auf einmal in den Vordergrund rücken und so die Finanzierung erleichtern. Beides sind Auswirkungen des Gesetzes der Anziehung, das Ihnen ermöglicht, Ihren Wunsch zu erhalten. Damit sollten Sie sich wohlfühlen und dankbar sein. Sie sollen Freude haben an dem Erhaltenen, denn darum geht es im Grunde.

Wie lange es dauert, bis die Anziehung Ihrer Gedanken sichtbar wird, hängt von zwei Faktoren ab. Zum einen kommt es auf die Geschwindigkeit und Intensität Ihres Wunsches an. Das steht in Verbindung damit, wie stark und wie lang Sie sich schon auf dieses Verlangen fokussieren. Nach langem und starkem, glücklichem Herbeisehnen agiert das Gesetz der Anziehung schneller als bei sporadischem und schwächerem Wünschen. Zum anderen fällt es ins Gewicht, inwieweit Sie den Prozess zulassen können. Negative Gefühle weisen Sie darauf hin, nicht im Einklang mit Ihren Wünschen und dem Universum zu sein, dadurch wird der Prozess gehemmt.

Das Universum arbeitet schnell, daher ist es wichtig, dass Sie handeln. Sobald das Universum Ihnen eine Möglichkeit bietet, Sie einen Impuls verspüren, z. B. einen intuitiven Drang, etwas nachzugehen, tun Sie es. Das Universum zeigt Ihnen den weiteren Weg durch das Gesetz der Anziehung.

Sollten Sie das Gefühl haben, Ihr Verlangen hat sich auch nach dem Durchlauf des kreativen Prozesses nicht gezeigt, so kann das an einem der Schritte liegen. Meistens fällt uns der zweite oder dritte Schritt schwer. Wir fragen uns, ob wir überhaupt in der Lage sind, Dinge anzuziehen. Oder wir fragen uns, ob wir es überhaupt verdient haben, zu bekommen, was wir wollen. Jeden dieser Zweifel können Sie mit einem klaren „Ja" von sich abweisen. Sie haben es verdient, zu erhalten, wonach Sie sich sehnen. Und Sie haben auch genug Kraft, um diesen kreativen Prozess durchzuführen. Sie sind schließlich mit dem Universum verbunden und halten göttliche Kraft inne. Sie müssen sich dem nur bewusst werden.

EIN NEUER ANFANG

Viele von uns glauben daran, dass Umstände sich aus Zufall ergeben. Sie fühlen eine Hilflosigkeit, als seien sie stecken geblieben. Sie sehen ihre Lage als aussichtslos und sich selbst als das Opfer der äußeren Umstände an. Um dieses Gefühl zu erklären, greifen die meisten auf Erinnerungen zurück. Ein sich wiederholender Aspekt sind dysfunktionale Familien. Menschen, die aus gestörten Familienverhältnissen stammen, geben diesen häufig die Schuld an ihrem Gefühl der Machtlosigkeit. Sie wurden nun einmal in diese Umstände hineingeboren, dagegen können sie nichts tun. Dies sind häufig Argumente, die angeführt werden. Diese Menschen fühlen sich alleingelassen und empfinden ihre eigene Situation als ausweglos. Doch Studien zeigen, dass ca. 85 % aller Familien dysfunktional sind. Jedem von uns würden wahrscheinlich ähnliche Geschichten einfallen, die auf nicht funktionale Familien hinweisen. Das zeigt, dass es sich nicht um besondere Einzelfälle handelt. Der Unterschied liegt in der Art des Umgangs damit. Sie können nicht bestimmen, in welche Umstände und Verhältnisse Sie hineingeboren werden. Aber Sie haben den weiteren Verlauf in der Hand. Sie entscheiden, was Sie aus diesen Verhältnissen machen und niemand kann Ihnen die Entscheidung abnehmen.

Es gibt keinen Gott, der eine Aufgabe für Sie festgelegt hat. Niemand hat auf einen großen Notizzettel geschrieben, was Sie erleben werden, was Sie tun sollen und worin der Sinn Ihres Daseins liegt. Das tun Sie allein, Sie geben sich selbst einen Sinn, in Form Ihrer Wünsche.

Doch wie schaffen Sie es, Ihr Leben zu ändern? Die Lösung sind Sie. Durch Ihre Erfahrungen und

Ihre Wünsche haben Sie die Umstände angezogen, in denen Sie sich befinden. Und Sie wurden zu der Person, die Sie heute sind. Alles, was Sie durchgemacht haben, hat Sie für diesen Moment vorbereitet, damit Sie der Schöpfer Ihres eigenen Lebens werden.

Nun ist es Zeit, einen Schlussstrich unter das Vergangene zu ziehen. Ihre Umstände definieren nicht Sie, sondern Sie definieren Ihre Umstände. Der erste Schritt auf dem Weg, Ihr Leben zu verändern, ist Dankbarkeit. Es mag viel von Ihnen verlangt sein, Dankbarkeit zu spüren, je nachdem, wie Ihre Umstände aussehen. Doch seien Sie dankbar, dass Sie es so weit geschafft haben. Seien Sie dankbar für den Menschen, der Sie sind. Und vor allem seien Sie dankbar für das, was Sie haben. Das schließt die Anziehung und Erfüllung von Wünschen nicht aus. Ganz im Gegenteil, die Dankbarkeit für Ihre jetzigen Umstände gilt als Sprungbrett für das Anziehen von weiteren Dingen, für die Sie dankbar sein dürfen. Verschieben Sie Ihren Fokus von der Vergangenheit auf das, was Sie sich von der Zukunft erhoffen. Stellen Sie sich die Fragen „Was werde ich nun tun? Wofür werde ich mich entscheiden?" Nachdem Sie sich diese Fragen beantwortet haben und dankbar für das sind, was Sie haben, können Sie den kreativen Prozess durchführen. So schaffen Sie es, aus den Umständen, in denen Sie sich gerade befinden, Ihr Leben zu verändern. Denn nur Sie tragen die Verantwortung dafür und nur Sie können es erschaffen.

MEINE GEFÜHLE SIND NICHT DIE GEFÜHLE DER ANDEREN

Im Laufe unseres Lebens müssen wir uns nicht nur mit unseren eigenen Gedanken und Gefühlen auseinandersetzen. Wir begegnen vielen Menschen virtuell und im realen Leben, die genau wie wir Wünsche und Ideen haben. Aus manchen Begegnungen formen sich Freundschaften, die uns für eine Zeit lang begleiten. Das ist schön und nützlich, da vor allem Freunde in uns ein positives Gefühl hervorrufen. In der Nähe unserer Liebsten fühlen wir uns geborgen, sicher und glücklich. Doch auch hier sollten Sie genau auf sich achten. Nach einiger Zeit kann es schwerfallen, die eigenen Gefühle und die Gefühle der anderen auseinanderzuhalten. Vor allem sehr emphatische Menschen nehmen die Gefühle Ihrer Umwelt wahr und verwechseln Sie manchmal mit den eigenen. Vor allem in der heutigen Zeit und der ständigen Konfrontation durch soziale Medien kann dies passieren. Soziale Medien haben sehr viele positive Aspekte, da sie viele Menschen auf der ganzen Welt miteinander verbinden. Doch dadurch schwappen z. B. auch Angst und Wut in unsere Gefühlswelt. Bilder von Kriegen und Notsituationen anderer Menschen können diese Gefühle in uns auslösen. Sie sollten also immer wieder in sich hinein fühlen, sodass es Ihnen nach einiger Zeit und Übung leichter fällt, zu erkennen, ob es sich um Ihre Gedanken und Gefühle handelt oder ob Sie sie nur auf sich übertragen haben. Denn sobald Sie das Gefühl empfinden, senden Sie Schwingungen aus und das Gesetz der Anziehung antwortet Ihnen mit den entsprechenden Schwingungen und Manifestation.

Sie können die Gedanken und Gefühle Ihrer Mitmenschen nicht kontrollieren. So wenig, wie andere Menschen Ihre Emotionen kontrollieren können. Ihre Mitmenschen üben einen Einfluss auf Sie aus, da Sie Ihnen aufzeigen, was Sie wollen und was Sie nicht wollen. Doch haben Sie keinen Einfluss darauf, wie stark Sie an etwas glauben und damit anziehen. Manchmal neigen Menschen dazu, die Verantwortung für ihre Situation abgeben zu wollen, so

z. B. die bereits erwähnten Personen aus dysfunktio-
nalen Familien. Diese Verantwortung kann jedoch
niemand übernehmen und wenn Sie es versuchen,
scheitern Sie daran. Es ist nicht Ihre Aufgabe, die
Welt und die Menschen darin zu verändern. Doch
sollten Sie mit dem Fluss des Universums in Einklang
sein und sich dessen erfreuen. Die Verantwortung
für Ihre Umstände und die Zukunft Ihres Lebens liegt
allein bei Ihnen. Sie können Ihr Glück und Ihre Freude erschaffen.

VON MECKLENBURG-VORPOMMERN NACH BAYERN

Im Vorangegangen habe ich bereits erwähnt, dass Sie
eine Art blindes Vertrauen in das Universum haben
sollten. Ein Vertrauen, dass es funktioniert. Das Vertrauen darauf, dass alles gut und zu Ihrem Besten
geschehen wird. Doch wie können Sie sich diese
Überzeugung vorstellen und wie können Sie diesen
Zustand erreichen?

Machen Sie mit mir eine lange Autofahrt bei
Nacht. Sie starten in Mecklenburg-Vorpommern,
hoch oben im Norden. Ihr Ziel ist Bayern, weit im
Süden. Sie sitzen am Steuer des Wagens, kennen sich

in der Umgebung jedoch nicht aus. Mit Hilfe Ihres Navigationssystems, dem emotionalen Lenksystem, wissen Sie, wann Sie sich noch auf dem richtigen Weg befinden und wann Sie vom Weg abkommen. Obwohl es draußen dunkel ist, reicht Ihnen das Licht des Scheinwerfers aus, um die komplette Strecke zurückzulegen. Sie sehen immer nur die nächsten 100 Meter, doch rückblickend haben Sie eine Strecke von ca. 900 km zurückgelegt. Wie schaffen Sie das? Sie vertrauen darauf, dass Ihr Scheinwerfer Ihnen die nächsten Meter erhellt, Sie wissen es sogar. Nachdem Sie die ersten 100 Meter befahren haben, werden Ihnen die nächsten erleuchtet.

Dies können Sie auch auf Ihr Vertrauen in das Universum, in das Gesetz der Anziehung und vor allem in die Kraft Ihrer Gedanken übertragen. Das Gesetz der Anziehung erleuchtet Ihnen die nächsten Schritte. Wie es sich ordnet, um Ihnen diesen Weg aufzuweisen, müssen Sie nicht verstehen. Ich verstehe die Elektrizität auch nicht, trotzdem benutze ich die Scheinwerfer. Vertrauen Sie darauf, dass Sie die nächsten Schritte erkennen werden. Treten Sie in Aktion, sobald Ihnen Ihre Intuition dazu rät und ändern Sie den Kurs, wenn Ihre Emotionen Sie warnen.

Solange Sie diese Schritte befolgen und das Vertrauen in sich selbst und das Universum bestärken, werden Sie die notwendige Strecke zurücklegen, um Ihr Ziel zu erreichen.

Drei Bereiche des Gesetzes der Anziehung

Das Gesetz der Anziehung lässt sich auf alle Bereiche Ihres Lebens anwenden. Sie müssen es sich nur aussuchen. Ich möchte Ihnen anhand der Gebiete, in denen man am häufigsten nach Veränderung strebt, Beispiele nahebringen, die das Gesetz der Anziehung verdeutlichen. Das Gesetz der Anziehung agiert immer gleich. Sie senden Schwingungen durch das, aus was Sie denken. Ob Sie sich mit diesen Gedanken auf dem richtigen

Weg befinden, können Sie mittels Ihrer Emotionen überprüfen. Schließlich erhalten Sie die Antwort des Universums, indem Ihre Gedanken sichtbar werden und das Angezogene sich erkennen lässt. Danach ist es an Ihnen, das Produkt mit Freude entgegenzunehmen und in Ihr Leben zu lassen.

DAS STREBEN NACH SICHERHEIT

Auf finanzieller Ebene beschäftigt man sich meistens mit Wünschen, die auf etwas Materielles abzielen. Sie wünschen sich ein neues Auto, Ihr Traumhaus oder keine Schulden mehr zu haben. Wenn Sie weniger Schulden haben möchten, richten Sie Ihre Aufmerksamkeit nicht auf die Schulden. Durch den Fokus auf weniger Schulden senden Sie den Gedanken an Ihre Schulden aus. Aufgrund dieser Schwingungen schickt Ihnen das Universum weiterhin Schulden, denn Sie haben danach gefragt. Sie erkennen das wahrscheinlich an dem Gefühl der Frustration oder Trauer, da Sie unbedingt keine Schulden wollen. Wenn Sie jeden Tag Rechnungen in Ihrem Briefkasten erwarten, so werden Sie auch jeden Tag Rechnungen in Ihrem Briefkasten erhalten. Uns allen wird seit unserer Kindheit gesagt, dass man für Geld hart arbeiten müsse. Doch wer legt das fest? Ja, Sie tun das. Wenn Sie sich ständig sagen, dass Sie sich etwas nicht leisten können, wird es auch weiterhin so sein. Sagen Sie sich stattdessen zum Beispiel „Das Geld kommt einfach und konstant zu mir." und versetzen sich dabei in das Gefühl, genug Geld zu haben. Anfangs ist es möglich, dass Sie Überredungsarbeit bei Ihnen selbst leisten müssen. Es ist schwierig, langjährige Auffassungen umzuwandeln, doch mit genügend Übung wird es immer leichter. Und nach einiger Zeit werden Sie eine Veränderung feststellen können.

Fokussieren Sie sich also nicht auf die Schulden, sondern auf den Wohlstand. Sagen Sie dem Universum, wie viel Geld Sie möchten. Der Betrag sollte so gewählt sein, dass er sich im Rahmen des für Sie Glaubhaften befindet. Wenn es Ihnen hilft, schreiben Sie den Betrag auf und hängen ihn an einen Ort, an dem Sie den Betrag oft sehen. Durchlaufen Sie den kreativen Prozess mit diesem Verlangen und das Gesetz der Anziehung wird Ihnen geben, was Sie sich wünschen. Viele Menschen, vor allem in den westlichen Ländern, streben nach Erfolg. Sie streben nach materiellen Objekten, doch materielle Dinge garantieren nicht ihr Wohlbefinden. Es gibt einige Personen, die viele Dinge besitzen, dennoch sind sie nicht glücklich. Das Glück und das Wohlbefinden entspringen Ihrem Inneren. Sie fühlen die Emotionen und wenn Sie Ihren positiven Gedanken und Gefühlen folgen, so erhalten Sie die materiellen Dinge.

SELBSTLIEBE – DER SCHLÜSSEL ZUR GLÜCKLICHEN BEZIEHUNG

Auch in diesem Bereich ist das Gesetz der Anziehung anwendbar. Wünschen Sie sich mehrere Verabredungen oder möchten Sie eher Ihren Seelenverwandten finden? Ganz gleich, wonach Sie suchen, Sie müssen nur darum bitten. Das Universum wird es Ihnen durch das Gesetz der Anziehung geben. Doch machen Sie sich bewusst, dass nicht nur Ihr Partner, sondern auch Sie diese Beziehung eingehen. Verlieben Sie sich nicht nur in jemand anderen, sondern auch in sich selbst. Seien Sie dankbar dafür, dass Sie sind, wer Sie sind. Wir kennen sie alle, die Schönheitsikonen, z. B. Marilyn Monroe oder Gisele Bündchen. Überall sehen wir Bilder, die unser Verständnis von Schönheit prägen. Die meisten von uns entsprechen diesen Bildern auf Plakaten, in Modemagazinen oder in Hollywoodfilmen jedoch nicht. Und das ist gut so. Sie müssen Ihr eigenes Verständnis von Schönheit prägen. Ich finde Sie wundervoll, egal, woher Sie kommen und wie Sie aussehen. Und nun versuchen Sie, dies in Ihnen zu entdecken. Fragen Sie sich, ob Sie sich so behandeln, wie Sie möchten, dass es andere tun. Oder stellen Sie sich die Frage, ob Sie sich selbst behandeln, wie Sie es für Ihre beste Freundin täten. Falls Sie das verneinen sollten, ist das in Ordnung. Nun ist der perfekte Zeitpunkt, um damit anzufangen. Tun Sie sich Gutes und verstärken so Ihre positiven Gedanken und Gefühle. Nehmen Sie sich Zeit, um sich selbst auszuführen und sich selbst mit dem Gefühl der Glückseligkeit so lange auszufüllen, bis Ihr Gefühl sozusagen überläuft. Dann können Sie diese Liebe auch weitergeben.

Dabei geht es nicht darum, arrogant oder eingebildet zu werden, sondern einen gesunden Respekt gegenüber Ihrem Selbst zu entwickeln. Sie sind nicht besser als die anderen. Doch Sie sind auch nicht schlechter. Würden Sie Ihre beste Freundin oder Ihren besten Freund zu einem Wellness-Tag einladen, so sollten Sie das auch für sich selbst tun. Es geht darum, die eigene Gesellschaft wertzuschätzen, die anderen werden es auch.

Auch in Beziehungen fokussieren wir uns meist auf das Negative. Vielleicht haben Sie Probleme mit Ihren Arbeitskollegen oder Ihre Familie hilft Ihnen nicht im Haushalt. Vielleicht haben Sie das Gefühl, Ihr Ehepartner treibe Sie in den Wahnsinn. All diese Dinge treffen zu, da Sie es denken und fühlen können. Richten Sie Ihre Aufmerksamkeit auf die Beschwerden, erhalten Sie mehr davon. Stattdessen sollten Sie sich auf das fokussieren, was Sie an der anderen Person wertschätzen. So können auch schwierige Beziehungen wieder zum Positiven gewandt werden. Schreiben Sie sich auf, was Sie an Ihrem Partner oder an Ihren Kindern schätzen, und zählen Sie dabei alle Gründe auf, warum Sie sie lieben. Erkennen Sie die Stärken Ihres Gegenübers an und widmen Sie all Ihre Aufmerksamkeit diesen Aspekten. Führen Sie das jeden Tag für 30 Tage durch und Sie bemerken, dass Sie mehr die Stärken des anderen zu sehen bekommen und die Probleme langsam, aber sicher verschwinden.

DIE HEILUNG DES KÖRPERS DURCH DIE KRAFT DER GEDANKEN

Unsere Körper sind ausgestattet mit einem Grundprogramm der Selbstheilung, unserem Immunsystem. Der Verstand beherrscht die Materie. So beherrschen unsere Gedanken und Gefühle auch unseren Körper. Unsere Zellenreproduktion sorgt dafür, dass wir nach ungefähr sieben Jahren einen ganz neuen Körper haben. All das sind Beweise dafür, dass unser Körper in der Lage ist, sich selbst zu heilen. Es ist nicht möglich, dass eine Krankheit in einem glückseligen Menschen bestehen bleibt. Die emotionale Lage und die Gedanken der Person spielen dabei eine maßgebliche Rolle.

Nehmen wir an, wir haben zwei Personen, die die gleiche Diagnose erhalten haben. Eine der beiden Personen fühlt sich gesund und ist dankbar für ihre Gesundheit. Sie widmet ihre ganze Aufmerksamkeit dem Gedanken, gesund zu sein. Sie spürt die Freude und die Hoffnung. Die andere Person denkt und fühlt das Gegenteil. Sie fixiert sich auf die Krankheit und auf den möglichen Verlauf. Sie fühlt die Angst und die Schmerzen. Was denken Sie, welche Person schneller genesen wird? Die erste, vollkommen richtig. Sie wendet das Gesetz der Anziehung an. Sie zieht die Genesung an, da sie die Gesundheit aussendet. Aus diesem Grund gibt es den Placebo-Effekt häufig, wenn es um die Behandlung und Heilung von Krankheiten geht. Der Placebo-Effekt beweist, dass unsere Gedanken und Gefühle einen hohen Einfluss auf unsere Heilung haben. Sie können manchmal mehr bewirken als die Schulmedizin. Das bedeutet nicht, dass die Schulmedizin keinen Nutzen hat. Sie ist notwendig und hat ihre Existenzberechtigung. Doch es geht darum, zu erkennen, dass unser Körper uns über unsere Gedanken und Gefühle informiert und darauf aufmerksam macht. Sollte es Ihnen nicht möglich sein, den Tag schmerzfrei zu überstehen, weist das auf eine Unausgeglichenheit hin. Ihr Körper macht Ihnen deutlich, dass Sie übermäßig negative Gefühle empfinden oder nicht dankbar sind für Ihre Situation.

Die Amerikanerin Cathy Goodman dient als Beweis für das Gesetz der Anziehung. Sie beschleunigte ihre Heilung durch die Kraft ihrer Gedanken. Bei Cathy Goodman wurde Brustkrebs diagnostiziert. Durch diese Diagnose verfallen einige Menschen in eine Trauer und Depression, da Sie Angst haben, die

Krankheit sei nicht heilbar. Wie Sie schon wissen, bewirkt diese Art des Denkens genau das Gegenteil. Cathy Goodman hingegen konzentrierte sich von Anfang an auf die Heilung. Jeden Tag sprach sie „Vielen Dank für die Heilung.", und stellte sich vor, der Krebs habe ihren Körper nie befallen. Nach drei Monaten war sie vom Krebs geheilt, ohne sich einer Chemotherapie zu unterziehen.

Dies zeigt, dass die Macht der Gedanken einen hohen Einfluss auf unseren Körper hat.

Viele Krankheiten sind darauf zurückzuführen, dass Sie Stress ausgesetzt sind. Ihr Körper agiert als schwächstes Glied der Kette und bricht. Durch Stress verringern Sie die Funktion Ihres Körpers und Ihres Gehirns. Jedoch wird Ihr Körper sich selbst heilen, sobald Sie für eine Entlastung sorgen, den Fokus auf Ihre vorhandene Gesundheit setzen und nicht dem Stress überlassen. Erinnern Sie sich an den kreativen Prozess und bitten Sie um Gesundheit. Verweilen Sie in glücklichen Gedanken, dadurch verbessern Sie Ihre Gesundheit und Ihr Wohlbefinden.

Von der Theorie zur Praxis

Nachdem Sie sich mit den theoretischen Grundlagen des Gesetzes der Anziehung vertraut gemacht haben, möchte ich Ihnen nun einige Bedenken vorstellen und mögliche Zweifel aus dem Weg räumen. Bevor ich Ihnen Übungen zeige, die Sie durchführen können, um das Gesetz der Anziehung zu nutzen, beantworte ich Ihnen zwei Fragen, die häufig in Bezug auf dieses Thema auftauchen.

KANN DAS JEDER?

Sobald Sie das Gesetz der Anziehung und den kreativen Prozess für sich nutzen wollen, müssen Sie sich eine fundamentale Frage stellen, die lautet „Was will ich wirklich?". Die Antwort auf diese Frage können Sie durch Erfahrungen und Gedanken herausarbeiten. Nachdem Sie Ihr Verlangen erkannt haben, können Sie Ihre Bestellung beim Universum aufgeben. Daraufhin kann es sein, dass Sie erste Bedenken entwickeln. Oft stellen sich Menschen die Frage, ob wirklich jeder das Gesetz der Anziehung nutzen kann.

Wenn Sie selbst anzweifeln, ob Sie in der Lage sind, das Gesetz zu Ihren Gunsten zu nutzen, kann ich Ihnen versichern, dass jeder dieses Gesetz anwenden kann. Jeder Mensch hat Gedanken und die sind es, die die Schwingungen aussenden und die Anziehung hervorrufen. Außerdem kann niemand, außer Ihnen selbst, Ihre Geschichte erzählen. Sie allein sind der Autor Ihres Lebens und daher können auch nur Sie allein das Gesetz der Anziehung auf Ihr eigenes Leben anwenden. Sie können auch von jedem Standpunkt aus und unter allen Umständen beginnen. Fangen Sie an, Ihre Gedanken zu überwachen und erzeugen Sie ein Gefühl der Harmonie und Glückseligkeit. Darauf antwortet das Universum. So hilft es Ihnen, aus bestimmten Denkmustern auszubrechen, z. B. Aspekte des sozialen Glaubens. Manche würden dies mit den Worten „Ich kann das nicht. Ich bin nicht stark genug." abfertigen. Mit jeder dieser Ablehnungen kreieren Sie Ihre Wahrheit und Erfahrung. Jede dieser Ablehnungen und Befürchtungen zieht die entsprechende Antwort des Universums an. Denken Sie noch einmal zurück an das Zitat Henry Fords. Sobald Sie der Überzeugung sind, diese Kraft nutzen zu können und die entsprechenden Emotionen fühlen, bedienen Sie sich dieser Kraft.

Diese Energie fließt in Ihnen und kann niemals enden oder pausieren. Aus diesem Grund können Sie auch die Verbindung zum Universum nie verlieren.

GIBT ES EINE BESCHRÄNKUNG DER WÜNSCHE?

Viele Menschen haben Hemmungen, nach den Wünschen zu streben, die sie haben. Meistens liegt es an der Annahme, das Gesetz der Anziehung nicht anwenden zu können. Ist es nicht dieser Aspekt, der die Ausübung verhindert, so ist es meistens die Befürchtung, es gäbe nicht genug für alle. Wenn jeder Mensch auf der Welt das Gesetz der Anziehung benutzt, kann es dann sein, dass es nicht mehr genug auf der Welt gibt, um alle Wünsche zu erfüllen?

Das wird nicht der Fall sein, es gibt mehr als genug Gutes, das Sie anziehen können. Es ist eine Lüge in unserem Verstand, dass es eine Begrenzung gibt. Aus dieser Lüge resultieren oft Gefühle der Angst, des Neides und des Mangels. Die Angst vor Mangel fundiert darauf, dass wir unser Sichtfeld nicht vollkommen öffnen und alles um uns herum wahrnehmen. Denken Sie darüber nach: Sobald unsere Ressourcen zur Neige gehen, finden wir andere Ressourcen, die uns dasselbe Ergebnis ermöglichen. Die Talente, Macht und Möglichkeiten in uns sind unerschöpflich. Ebenso unerschöpflich ist die Erfüllung unserer Wünsche.

Zudem gibt es Unterschiede bei den verschiedenen Wünschen. Wenn Sie nach Ihren Gedanken und Gefühlen handeln, streben Sie nach anderen Umständen als Ihre Mitmenschen. Einige streben eher nach guten Beziehungen und andere nach finanziellem Wohlstand.

Auch wenn sich jeder Mensch durch das Gesetz der

Anziehung seine Wünsche erfüllt, gibt es immer noch genug. Also haben Sie keine Hemmung, nach Dingen zu streben.

Übungsbeispiele

Schließlich kommen wir zum praktischen Teil. Ich möchte Ihnen Übungen anbieten, die Ihnen helfen, Ihre Gedanken zu lenken und das Gesetz der Anziehung zu nutzen.

Oft versuchen Menschen, das Gesetz der Anziehung anzuwenden und sind sehr gut in der Ausführung. Sie schaffen es, Ihre Gefühle zu lenken und alle drei Schritte des kreativen Prozesses durchzuführen. Doch trotzdem sehen sie nicht direkt das erhoffte Resultat. Kurz vor dem Durchbruch reift der Gedanke in ihnen, dass das Gesetz der Anziehung vielleicht nicht funktioniert. Dieser Gedanke wird immer stärker und so senden sie diese Schwingungen aus. Das

Universum erhält diese Schwingungen und antwortet. So scheint es, als funktioniere das Gesetz der Anziehung nicht. In Wahrheit hat es jedoch genau den Beweis herbeigeführt, der angezogen wurde. Ich möchte Ihnen damit aufzeigen, dass es eine Weile dauern kann, bis sie die erhofften Resultate erhalten. Das Gesetz der Anziehung arbeitet und Sie werden die Manifestation Ihres Strebens in den Händen halten, solange Sie der Überzeugung sind, dass das Gesetz der Anziehung funktioniert.

Im Folgenden stelle ich Ihnen einige Übungen vor, doch entscheiden Sie sich für eine oder zwei Übungen, die Sie ausführen möchten. Wählen Sie die Übung, bei der Sie sich am besten fühlen. Alle Übungen sollten Sie mehrmals wiederholen. Doch sollten Sie diese Übungen nicht als Hausarbeit empfinden. Sie führen die Übungen in Ihrem Tempo und nach Ihrem Bedarf durch. Nach einiger Zeit werden diese Übungen zu einer Art Gewohnheit. Sie führen die Übungen bewusst durch, doch mittlerweile sind diese Übungen Teil Ihres alltäglichen Lebens.

SPEZIFIZIEREN DER GEDANKEN

Schreiben Sie einen Wunsch auf, es ist egal, ob dieser Wunsch groß oder klein ist. Daraufhin beschreiben Sie ihn in allen möglichen Aspekten. Beschreiben Sie Ihr Verlangen so detailliert, dass ein Fremder eine genaue Vorstellung von dem hat, was Sie sich wünschen.

Nehmen wir an, Sie wünschen sich ein Auto. Legen Sie die Marke und das Modell des Autos fest. Schränken Sie das Baujahr ein. Welche Farbe hat Ihr Auto? Ist Ihr Auto ein Cabrio? Vielleicht möchten Sie einen Oldtimer. Wie viel soll Ihr Auto kosten? Wie viel PS und Hubraum hat Ihr Auto? Wie groß ist es? Wie viele Sitze und Türen befinden sich am Auto? Wie fühlt es sich an, das Auto zu fahren? Wie fühlen Sie sich, wenn Sie das Auto schließlich Ihr Eigen nennen? Diese Punkte helfen Ihnen, Ihren Wunsch klarer zu definieren. Je klarer Ihr Verlangen definiert ist, umso leichter fällt es Ihnen, sich ein Bild davon zu machen. Somit erhöht es die Schwingungen, die Sie aussenden und die das Universum beantwortet. Sie können das Gesetz der Anziehung besser nutzen, wenn der Wunsch klar definiert ist.

LISTE DER WÜNSCHE

Schreiben Sie eine Liste, auf der Sie alle Ihrer momentanen Wünsche notieren. Sie können Bestreben aus dem gleichen Bereich, aber auch aus verschiedenen sein.

Beginnen Sie die Liste nicht mit den Worten „Ich möchte ...". Diese Formulierung drückt einen zukünftigen Wunschzustand aus. Somit bleibt die Erfüllung des Wunsches stets in der Zukunft. Da es darum geht, das Gefühl hervorzurufen, das Sie empfinden, sobald Ihr Wunsch in Erfüllung geht, ist eine andere Formulierung hilfreich. Beginnen Sie Ihre Liste eher mit den Worten „Ich bin glücklich und dankbar, da ich jetzt habe ...". Listen Sie danach Ihre Wünsche auf. Eine mögliche Liste könnte sein: „Ich bin glücklich und dankbar, da ich einen mich erfüllenden Job, nette Arbeitskollegen und meinen Traumpartner habe." Diese Liste können Sie so lange fortführen, bis Ihre Wünsche aufgezählt sind. Nach Erfüllung Ihrer Wunschliste wird eine größere Wunschliste folgen. Das ist gut, denn Sie hören nie auf zu streben.

Diese Liste sollten Sie mindestens einmal am Tag wiederholen, z. B. nach dem Aufstehen oder vor dem Zubettgehen. Sprechen Sie sich diese Liste gedanklich vor und spüren Sie das Gefühl von Dankbarkeit. Das Gesetz der Anziehung sorgt dann dafür, dass Sie die Punkte auf Ihrer Liste abhaken können.

Darüber hinaus können Sie anstatt der Liste oder zusätzlich ein symbolisches Objekt benutzen. Manche nehmen einen Stein oder einen Ring. Stecken Sie sich das Objekt morgens in die Hosentasche. Währenddessen gehen Sie Ihre Liste durch und verweilen in dem Gefühl. Danach verbringen Sie den Tag, wie Sie möchten. Abends leeren Sie Ihre Taschen und finden das Objekt wieder. Nun gehen Sie erneut Ihre Liste durch, bevor Sie einschlafen. Durch das Verbinden der Liste mit einem bedeutenden Objekt erleichtern Sie sich das Empfinden von Freude und Dankbarkeit.

VISUALISIERUNGSTAFELN

Visualisierungstafeln sind die Erweiterung der Wunschliste. Fällt es Ihnen schwer, sich Ihre Wünsche bildlich vorzustellen? Oder haben Sie Schwierigkeiten, das Gefühl hervorzurufen, das Sie nach Erfüllung des Verlangens empfinden werden? Ist dies der Fall, so kann eine Visualisierungstafel oder „Vision-Board" unterstützend dienen. Dazu brauchen

Sie ein Plakat oder großes Blatt Papier, das als Tafel dient. Des Weiteren benötigen Sie einen Stift zum Schreiben oder auch Buntstifte, falls Sie Ihr Vision-Board lieber farbig ausmalen möchten. Auf der Tafel zeichnen Sie Ihre Zukunftsvisionen ab. Fassen Sie alle Bereiche Ihres Lebens ein, die Ihnen wichtig sind. Ganz gleich, in welchen und wie vielen Lebensbereichen Sie nach etwas Streben, schreiben Sie alle nieder und lassen Sie in jedem Bereich Platz für Anmerkungen. Nun wählen Sie einen Bereich aus, mit dem Sie beginnen möchten. Schließen Sie Ihre Augen und stellen Sie sich Ihr perfektes Leben vor. Wichtig hierbei ist, dass es keine Grenzen gibt. Wenn Sie es sich vorstellen können und es für Sie realistisch ist, so können Sie es erreichen. Sobald Sie ein Bild vor Augen haben, schreiben Sie oder malen Sie es so detailliert wie möglich auf Ihre Tafel. Auch eine Mischung aus Notizen und Malerei ist vorteilhaft. Diesen Vorgang wiederholen Sie für die verbleibenden Bereiche, bis Sie eine vollständig ausgefüllte Visionstafel vor sich sehen. Bei der Vorstellung Ihres perfekten Lebens sollten Sie stets auf Ihr Gefühl achten. Variieren Sie das Szenario so lange, bis Sie sich glücklich und dankbar fühlen.

Sollte es Ihnen im ersten Moment schwerfallen, ein klares Bild vor Augen zu sehen, können Ihnen einige Fragen weiterhelfen. Sind Sie auf Ihre Sinne und Umgebung zentriert? Mit welchen Menschen sind Sie unterwegs? Wie verhalten Sie sich in dieser Situation? Was schmecken, riechen oder fühlen Sie? Was sehen Sie im Hintergrund? Was springt Ihnen direkt ins Auge? Durch diese Fragen können Sie das Bild nach und nach zusammensetzen, bis sich Ihr Verlangen vollständig abbilden lässt. Betrachten Sie diese Tafel häufig. Seien Sie dankbar für das, was Sie haben und streben Sie nach dem abgebildeten Verlangen. Über den Zeitraum des Strebens sollten Sie immer mal wieder Ihre Augen schließen und das innere Bild mit der Abbildung auf Ihrer Visionstafel abgleichen. Bemerken Sie eine Abweichung, so können Sie Ihre Zeichnung anpassen. Zur Verstärkung Ihrer Notizen heften Sie ausgedruckte Bilder an die Tafel. Bilder, die in Ihnen die gewünschte Emotion auslösen und die Sie bewundern. Falls Sie Ihre Vorstellungen nicht zeichnen möchten, suchen Sie sich Bilder, die zu Ihrem Szenario passen und heften Sie sie in den zutreffenden Bereich.

Diese Übung verbessert Ihre Fähigkeit, Bilder vor

dem inneren Auge zu erzeugen. Wenn Sie detaillierte, realistische Bilder in Ihrem Kopf erschaffen können, so können Sie die Emotionen leichter herbeiführen. Das Fühlen und innere Sehen öffnen Ihnen die Tür zur Kraft des Universums. Sie empfinden das Eintreten des Gewünschten realistischer, da Sie es sehen können. So lenken und verstärken Sie Ihre Gedanken und Gefühle.

NEGATIVES DURCH POSITIVES ERSETZEN.

Wir wissen, dass die meisten Gedanken negativer Art sind. Das spiegelt sich auch in Vereinen oder in Demonstrationen wider. Die Menschen demonstrieren gegen Krieg, gegen Rassismus, es gibt Vereine gegen Gewalt. So widmen die Demonstranten und Vereine ihre Aufmerksamkeit voll und ganz dem, wogegen sie eigentlich demonstrieren. Wogegen Sie Widerstand leisten, wird fortdauern. Versuchen Sie, Negatives durch Positives zu ersetzen und so Ihren Fokus zu verschieben. Demonstrieren Sie nicht gegen Krieg, sondern für Frieden. Demonstrieren Sie nicht gegen Rassismus, sondern für Akzeptanz.
Treten Sie nicht dem Verein gegen Gewalt ein, doch

seien Sie Mitglied in einem Verein für Pazifismus. Indem Sie den Fokus auf das Positive legen, verleihen Sie dem Positiven Energie. Diese Energie fehlt dem Negativen, sodass es in den Hintergrund rückt.

Während Sie Ihrem Alltag nachgehen, sollten Sie darauf achten, wie oft der Fokus auf dem Negativen haftet. Versuchen Sie, das Gegenteil zu finden und Ihre Aufmerksamkeit und Energie nun auf diesen Punkt zu konzentrieren.

DAS BUCH DER POSITIVEN EIGENSCHAFTEN

Diese Übung sollten Sie benutzen, sobald Sie positive Gefühle wahrnehmen. Mit Hilfe des Buches der positiven Eigenschaften verstärken Sie Ihre positiven Gedanken, Gefühle und Schwingungen. Darüber hinaus hilft diese Aufgabe auch, Ihr Gefühl zu verbessern und in einen positiven Zustand zu lenken. Kaufen Sie sich zunächst ein Notizbuch. Achten Sie darauf, sich mit dem Notizbuch wohlzufühlen, Sie werden es wahrscheinlich oft mit sich tragen.

Beim ersten Durchführen der Übung ist es von Vorteil, in einer ruhigen Umgebung zu sein, damit Sie sich konzentrieren können. Ihre Konzentration führt

zu klaren Gedanken und Gefühlen der Verbundenheit mit dem Universum. Die Übung nimmt 20 Minuten in Anspruch. Anfangs rate ich Ihnen, diese Zeit komplett in Anspruch zu nehmen. Nach wiederholter Durchführung können Sie die Zeit verringern. Vielleicht macht Ihnen die Übung aber so viel Spaß, dass Sie bei den 20 Minuten bleiben. Schreiben Sie nun „Buch der positiven Eigenschaften" auf den Buchdeckel. Auf der ersten Seite notieren Sie ganz oben den Namen von jemandem oder eine kurze Beschreibung von etwas, das in Ihnen ein positives Gefühl auslöst. Dies kann ein Ort, ein Haustier, eine Person, eine Erfahrung oder ein Objekt sein. Es ist gleich, worum es sich handelt. Wichtig ist, dass es in Ihnen ein positives Gefühl, z. B. der Freude oder der Liebe, erzeugt. Danach stellen Sie sich diese Fragen: "Was mag ich an dir? Aus welchen Gründen liebe ich dich? Was sind deine Stärken?" Die Gedanken, die nun in Ihrem Kopf entstehen, schreiben Sie auf das Blatt, bis Ihnen keine Eigenschaft mehr einfällt.

Nun fahren Sie auf der zweiten Seite fort und gehen auch bei dieser Auswahl gleich vor.

Dies wiederholen Sie, bis die 20 Minuten vergangen sind. Nach Abschluss der Übung fokussieren

Sie sich auf das positive Gefühl, das Sie durch diese Übung erzeugten. Zudem ruft das Buch der positiven Aspekte eine Wechselwirkung hervor. Je mehr Sie nach positiven Eigenschaften suchen, umso mehr werden Sie finden. Im Gegenzug wollen Sie mehr positive Aspekte suchen, je mehr Sie gefunden haben.

Über das erzeugte Gefühl der Freude hinaus verbessert dieses Aufschreiben Ihre Beziehung zu den jeweiligen Personen, Orten, Erfahrungen und Dingen. Sie konzentrieren sich auf das Positive und schätzen z. B. die Stärken der anderen Person. Schließlich ist Ihr Gefühl während und nach der Übung ein positives Gefühl. Da Sie nun, beim Gedanken an Ihr Geschriebenes, diese Schwingungen aussenden, liefert Ihnen das Gesetz der Anziehung weitere Personen, Erfahrungen, Orte und Dinge, die in Ihnen diese Gefühle hervorrufen.

Wenn Sie Streit mit einer Freundin oder einem Freund haben, hilft es Ihnen, diese Seiten durchzulesen, das freudige Gefühl hervorzurufen und sich bewusst an die Zuneigung zu dieser Person erinnern. Das entwickelt Ihre Beziehung weiter. Falls Sie sich entscheiden, diese Übung auszuführen, überlegen

Sie, wie Ihre Liste über Sie selbst aussähe.

DAS WOHLSTANDSSPIEL

Ich empfehle Ihnen diese Übung, um Ihre Vorstellungskraft und den Geldfluss zu verbessern. Des Weiteren identifizieren und spezifizieren Sie Ihre Wünsche durch dieses Spiel. Auch unterstützt diese Übung Ihre Verbundenheit mit dem Universum und den Respekt gegenüber einzelnen Objekten.

Um diese Übung durchzuführen, gehen Sie täglich ein imaginäres Szenario durch. Zunächst eröffnen Sie ein fiktives Girokonto. Auf diesem Girokonto erfolgen Abbuchungen und Geldeinzahlungen. Benutzen Sie z. B. Ihren Computer als Kontrollregister Ihres Girokontos, indem Sie den Geldtransfer Ihres Kontos beobachten können. Als Einzahlungsbescheinigungen und Abbuchungschecks benutzen Sie Papierblätter oder Notizzettel. Versuchen Sie, den Vorgang so realistisch wie möglich zu gestalten.

Am ersten Tag erhalten Sie eine Einzahlung von 1.000 €. Diese Einzahlung führen Sie mit Hilfe der Einzahlungsbescheinigung durch und notieren Sie in Ihrem Register. Danach geben Sie all Ihr Geld aus, die ganzen 1.000 €. Auch das vermerken Sie in dem Register. Nun gelangen Sie zu dem spaßigen Teil der Übung. Geben Sie das Geld aus, wofür Sie möchten. Beschreiben Sie den Verwendungszweck sehr detailliert auf Ihrem fiktiven Überweisungsträger. Schreiben Sie z. B. „Für einen Abend im Restaurant mit Lisa." Oder auch „Für das Buch, das ich schon immer haben wollte." Es ist Ihnen überlassen, ob Sie den gesamten Betrag für eine Sache ausgeben oder Ihr Geld aufteilen. Am nächsten Tag erhalten Sie 2.000 €. Nachdem Sie den Eingang des Geldes dokumentiert haben, geben Sie die 2.000 € auch wieder aus. Auch jetzt ist es Ihre Entscheidung, wofür Sie das Geld ausgeben möchten. Es sind Ihnen keine Grenzen gesetzt.

Dieses Schema wiederholen Sie für die nächste Zeit. Die Dauer des Spiels ist Ihnen überlassen. Entweder Sie spielen das Wohlstandsspiel einige Wochen oder gar Monate oder Sie spielen es ein ganzes Jahr. Nach einem Jahr haben Sie 66 Millionen Euro erhalten und ausgegeben.

Bei dieser Übung gibt es keine Regeln oder Richtlinien, die Sie beachten müssen. Die Umsetzung ist Ihnen überlassen. Sie können den Vorgang zu jeder Zeit abbrechen, pausieren und wieder aufnehmen. Der Sinn dieser Übung ist es, Spaß zu haben. Anfangs kann es Ihnen komisch vorkommen, so viel Geld auszugeben, auch wenn Sie fiktive Überweisungsträger ausfüllen. Nach einiger Zeit beginnen Sie, sich damit wohl zu fühlen. Sie haben Spaß daran, das Geld auszugeben. Da Sie imaginäres Geld ausgeben, haben Sie keine Befürchtung, zu viel auszugeben. Dadurch erlangen Sie einen Zustand der Dankbarkeit. Sie sind dankbar für das, was Sie haben, so können Sie zulassen, mehr zu erhalten. Es gibt keine Resistenz, die Sie davon abhält, Ihre Wünsche und Ihr Verlangen entgegenzunehmen. Diesen Zustand können Sie nun vom fiktiven Bereich in den realen Bereich übertragen. Sie schaffen es, das Gute im Leben willkommen zu heißen, ohne den Einfluss negativer Gedanken. Durch Ihre erwartungsvolle Haltung und dem Wunsch nach Vergrößerung liefert Ihnen das Gesetz der Anziehung Ihre Wünsche. So nutzen Sie diese Übung, um das Geld in Ihrem Leben willkommen zu heißen.

DER FÜNF-SCHRITTE-PLAN

Eine letzte Übung, die ich Ihnen anbieten will, wurde von Jack Canfield entwickelt. Sie dient dazu, das Wollen und das Verlangen auch selbst zu verwirklichen. Sie können einen Teil dazu beitragen, Ihr Verlangen zu manifestieren, indem Sie auf Ihre Intuition achten. Seien Sie wachsam, das Gesetz der Anziehung zeigt Ihnen, wann es an der Zeit ist, in Aktion zu treten.

Der erste Schritt des Fünf-Schritte-Plans besteht darin, einen Strategieplan auszuarbeiten. Legen Sie zunächst Ihren Wunsch fest. Erarbeiten Sie dann eine detaillierte Auflistung aller Dinge, die zum Erreichen Ihres Ziels notwendig sind. Achten Sie dabei auf sowohl äußere als auch innere Hindernisse, die Sie überwinden müssen. Im zweiten Schritt folgen Sie den Pfaden anderer. Auch, wenn nicht alle Menschen die gleichen Ziele haben, wird es einige Personen geben, die das gesetzte Ziel schon erreicht haben. Studieren Sie deren Erfolgswege. Lesen Sie deren Bücher, schauen Sie sich Videos an und folgen Sie dem bereits eingeschlagenen Weg. Im dritten Schritt wenden Sie die Regel der Fünf an. Versuchen Sie, an einem Tag fünf Aufgaben zu erledigen, die Sie in der Verfolgung Ihres Wunsches weiterbringen. Sie werden sehen, dass Sie in kurzer Zeit mehr schaffen können, als Sie für möglich hielten. Der vierte Schritt zielt auf das Involvieren anderer ab. Finden Sie jemanden, der mit Ihnen die Verantwortung teilt. Mit einem Partner bleiben Sie ständig in Kontakt und können sich über das weitere Vorgehen austauschen. Sie verteilen die bevorstehenden Aufgaben und entlasten sich somit.

In einigen Fällen ist es sinnvoll, einen Coach zurate zu ziehen. Dieser kann Sie auf mögliche innere Blockaden hinweisen und Ihnen Lösungswege bieten. Der abschließende Schritt ist die Absicherung. Den vollständigen Prozess hindurch, aber vor allem gegen Ende des Prozesses, sollten Sie sich Zeit nehmen, um Ihren Wunsch noch einmal abzugleichen. Identifizieren Sie restliche negative Gefühle, die Ihnen im Weg stehen und überwinden Sie die letzten Hindernisse. Befolgen Sie diesen Fünf-Schritte-Plan und treten Sie selbst in Aktion, um das Gesetz der Anziehung zu unterstützen und zu Ihrem Ziel zu gelangen.

Gott würfelt nicht, Sie bestimmen

Sie müssen nicht an Gott glauben, um das Gesetz der Anziehung zu nutzen. Aber es schadet Ihnen auch nicht, es zu tun. Sie tragen eine göttliche, schöpferische Kraft in sich. Sie können entscheiden, wie Ihr Leben aussehen soll. Dafür müssen Sie nur verstehen und akzeptieren, dass Sie Ihre Umstände selbst herbeigeführt haben und immer von Ihnen angezogen werden. Ihre Arbeit, Ihre Freunde, Ihre finanzielle Situation, all das haben Sie angezogen. Alle negativen und positiven Umstände sind Ihrem Denken entsprungen und durch das Gesetz der Anziehung haben sie sich verwirklicht. Mit Ihrem Denken senden Sie Schwingungen aus, die das Universum empfängt und beantwortet. Dabei spielt es keine Rolle, ob Sie etwas haben wollen oder nicht haben wollen. Es kommt darauf an, wie sehr Sie es haben wollen. Die Verlagerung Ihrer Aufmerksamkeit ist der ausschlaggebende Punkt. Konzentrieren Sie sich zu sehr auf Negatives, so ziehen Sie Negatives an. Konzentrieren Sie sich wiederum sehr auf Positives, so wird Ihnen Positives widerfahren. Sie haben dieses Buch angezogen. Es liegt nun in Ihrer Hand, was Sie daraus machen. Vielleicht gibt es Ihnen ein gutes Gefühl und löst in Ihnen Hoffnung und Zuversicht aus. Dann nutzen Sie dieses Buch nach Ihrem Wollen und nach Ihrem Sinn. Wenn Sie sich unwohl fühlen, so lassen Sie es gehen.

Ich möchte, dass Sie verstehen. Sie können sofort anfangen, das Gesetz der Anziehung zu nutzen. Es ist gleich, in welchen Umständen Sie sich gerade befinden. Es kommt nicht darauf an, wo Sie jetzt sind, sondern wo Sie hinwollen. Ziehen Sie einen Schlussstrich unter Ihre Vergangenheit. Was Sie behaupten, jetzt zu sein, ist in Wahrheit das, was Sie waren. Nun liegt es an Ihnen, Ihre Gegenwart und

Zukunft neu zu formen. Sind Sie für das, was Sie jetzt haben, dankbar, können Sie nach Neuem streben. Das heißt nicht, dass Sie Ihre Vergangenheit verleugnen oder bereuen sollen. Ganz im Gegenteil, Ihre Vergangenheit hat Sie an diesen Punkt geführt. Doch jetzt ist es an der Zeit loszulassen.

Stellen Sie sich Ihren Wunsch als Samen vor. Sie pflanzen den Samen in die Erde, wenn Sie einen Wunsch entwickeln. Nachdem dieser Samen gepflanzt ist, müssen Sie ihn gießen und düngen. Das tun Sie mit Hilfe Ihrer positiven Schwingungen. Empfinden Sie negative Emotionen, so verdorrt und verwelkt die Pflanze. Das, wonach Sie sich sehnen, werden Sie nicht erhalten. Vielleicht bezwecken Sie das Gegenteil und Unkraut sprießt, statt des Samens. Nähren Sie Ihren Samen mit positiven Gedanken und Gefühlen, so kann er aufkeimen und anfangen zu wachsen. Wenn Ihr gepflanzter Spross die Erdoberfläche durchbricht, können Sie ihm beim Wachsen zusehen, bis Sie die Früchte ernten können. Genauso verhält es sich mit Ihrem Wunsch. Nach einer Zeit können Sie erste Anzeichen, erste Schritte wahrnehmen, dass Ihr Wunsch in Erfüllung geht, bis Sie das erhoffte Ziel erreichen. Bis dahin müssen Sie mit einem unerschütterlichen Vertrauen überzeugt sein, dass es funktioniert. Auch bei Ihrem Samen können Sie nicht sehen, wie nahe er der Oberfläche ist. Sie wissen nicht, ob Ihr Samen es schafft, sie zu durchbrechen. Sie warten geduldig, gießen ihn und vertrauen darauf, dass er wächst.

Auch wenn sich die Erfüllung Ihres Wunsches nicht direkt wahrnehmen lässt: Seien Sie wachsam und halten Sie nach Anzeichen Ausschau.

Ich habe Ihnen viele Übungen an die Hand gegeben, um genau diese Aspekte zu trainieren. Der Sinn darin ist, dass es nicht maßgeblich ist, ob Sie das Gesetz der Anziehung voll und ganz begreifen. Es ist wichtig, Ihren Fokus auf das Positive zu lenken, um die Erfüllung der Wünsche zu erhalten. Darüber hinaus begreifen Sie das Gesetz der Anziehung immer besser, je öfter Sie es benutzen.

Das Ziel ist es, dass Sie nach einiger Zeit dazu in der Lage sind, Ihre Gefühle zu erkennen und zu leiten. So wissen Sie, von negativen Gefühlen in positive Gefühle überzugehen. So können Sie sich das Gesetz der Anziehung zunutze machen und Ihren Vorteil daraus ziehen. Mit jedem Durchgang und mit jeder Wiederholung wird Ihnen der Vorgang leichter fallen. Ihre Wünsche werden spezifischer und bilden klare Visionen in Ihrem Kopf. Auch das Verweilen in positiven Gefühlen wird Ihnen immer leichter fallen. So ist es Ihnen nach mehreren Übungen möglich, starke positive Schwingungen auszusenden und Ihrem Wunsch näherzukommen.

Sie haben nun alles, was Sie benötigen, um sich das Gesetz der Anziehung zunutze zu machen.

Also Los, kreieren Sie Ihr Leben.

Herstellung und Verlag:
BoD – Books on Demand, Norderstedt
ISBN: 9783751957298